www.beltz.de

Lektorat: Heike Gras
Gestaltungskonzept: Atelier Bea Klenk, Bea Klenk/Sabina Riedinger
Illustrationen aus: »Die Geschichte vom Löwen, der nicht schreiben konnte« von Martin Baltscheit; »Das Löwen-Malheft« von Martin Baltscheit © 2012 Beltz & Gelberg in der Verlagsgruppe Beltz • Weinheim und Basel. Erstmals erschienen 2002 im Bajazzo Verlag sowie aus »Das Löwen-Malheft« und »Das Löwen-Alphabet« von Martin Baltscheit © jeweils 2012 Beltz & Gelberg in der Verlagsgruppe Beltz • Weinheim und Basel.
Illustrationen: © 2002, 2012 Martin Baltscheit
Fotos: s. Bildnachweis

Printed in Germany

ISBN 978-3-407-72723-7

Inhalt

Vorweg

Das Bilderbuch »Die Geschichte vom Löwen, der nicht schreiben konnte« von Martin Baltscheit handelt von einem starken und mutigen Löwen, den es bislang eigentlich überhaupt nicht gestört hat, dass er nicht lesen und schreiben kann – bis er auf eine schöne, gebildete Löwin trifft, die er mit einem Liebesbrief beeindrucken möchte.

Martin Baltscheits Bilderbuch thematisiert eine in unserer Welt zentrale Schlüsselqualifikation, nämlich das Lesen und Schreiben. Der Löwe taucht im Buch in die ihm fremde Welt der Schrift ein – unsere Bildkarten sollen Kinder dazu ermutigen, es ihm gleichzutun.

Literacy spielt schon in der Kita eine Rolle

Die Erlebnisse des Löwen werden zum Anlass genommen, um Kinder mit dem Thema Lesen und Schreiben vertraut zu machen. Dabei geht nicht um den Erwerb von tatsächlicher Lese- und Schreibkompetenz, sondern um die Beschäftigung mit übergeordneten Themen, die unter dem Begriff »Literacy« zusammengefasst werden können, wie z. B. »Schrift« oder »Symbole«. Diese Themen spielen bereits vor der Schule im Alltag der Kinder eine Rolle.

Mit den Bildkarten möchten wir Sie als pädagogische Fachkräfte dabei unterstützen, eingebettet in »Die Geschichte vom Löwen, der nicht schreiben konnte« mit Kindern in die Welt von Buchstaben, Lesen und Schreiben sowie von Texten einzutauchen. Die Bildkarten helfen Ihnen dabei, mit den Kindern über deren Erfahrungen mit unserer Schriftkultur ins Sprechen und Erzählen zu kommen. Sie sind auch Impulskarten, die Ihnen den Einstieg in Aktivitäten rund um Literacy erleichtern.

Aufbau des Booklets

Um zu klären, warum die Beschäftigung mit Literacy bereits im Kita- und Vorschulalter eine wichtige Rolle spielt, geben wir Ihnen in **Teil 1** dieses Booklets nach einer Definition des Begriffs einen kurzen Überblick darüber, welche Bereiche das Thema »Literacy« umfasst. In **Teil 2** des Booklets führen wir allgemeine Hinweise auf, wie Sie als pädagogische Fachkraft Kinder beim Literacy-Erwerb unterstützen können. **Teil 3** unseres Booklets enthält konkrete Tipps zu Einsatzmöglichkeiten der Bildkarten im Rahmen von gezielten Aktivitäten und/oder Projekten mit Kindern im Bereich Literacy, die gemeinsame Erfahrungen mit Schrift- und Erzählkultur ermöglichen. Eine verkleinerte Darstellung aller Bildkarten und Hinweise zu den abgebildeten Motiven finden Sie in **Teil 4** des Booklets.

Informationen zu den Bildkarten

Bildkarten können bei Projekten zu spezifischen Themen, aber auch in spontanen Situationen oder wiederkehrenden Routinen wie z. B. Erzählkreise eingesetzt werden.

Bildkarten unterstützen die Sprachförderung

Für die Sprachförderung sind Bildkarten besonders anschaulich, denn es gibt auf Bildkarten viel zu entdecken, über das es sich zu sprechen lohnt. Und gerade wenn Kinder noch nicht über ausreichende sprachliche Mittel verfügen, um sich mitzuteilen, können Bildkarten dabei helfen, sich z. B. durch Zeigegesten auszudrücken. Bildkarten bieten auch jüngeren Kindern oder Kindern, die Deutsch als Zweitsprache erwerben und die noch wenig Kontakt zum Deutschen hatten, abwechslungsreiche Möglichkeiten, ihren sprachlichen Fähigkeiten entsprechend konkrete Wortschatzbereiche aufzubauen und zu vertiefen. Über den Wortschatz- und Bedeutungserwerb hinaus fördern Bildkarten den Sprach- und Literacy-Erwerb von Kindern auf allen sprachlichen Ebenen.

So sind die Bildkarten aufgebaut

Unsere 32 beidseitig bedruckten Bildkarten zeigen zentrale Motive zum Thema »Literacy«. Jeweils auf der Vorder- und Rückseite der Bildkarten finden Sie ein zum Thema passendes Motiv aus der Lebenswelt der Kinder.

Das Motiv der Vorderseite lädt zum Einstieg ins Thema »Sprache und Schrift entdecken« ein und zeigt bspw. einen Postboten, der einen Brief an seinen Empfänger übergibt. Auf der Rückseite der Karte wird das Motiv der Vorderseite in einem bestimmten Kontext konkretisiert.

Auf den Vorderseiten der **Bildkarten 1 bis 8** sind zentrale Szenen aus dem Bilderbuch »Die Geschichte vom Löwen, der nicht schreiben konnte« abgebildet. Sie ermöglichen Ihnen, gemeinsam mit den Kindern die Geschichte des Löwen zu besprechen und nachzuerzählen.

Mit den Bildkarten und Ihrer Unterstützung können auch jüngere Kinder und Kinder mit Deutsch als Zweitsprache trotz der sprachlichen Komplexität der erzählten Geschichte die Erfahrungen des Löwen miterleben, die Struktur der Geschichte nachvollziehen und sich mit Ihnen und anderen Kindern über die Geschichte austauschen.

Neben zentralen Motiven aus Martin Baltscheits Geschichte bilden die Karten Fotos mit ausgewählten Situationen oder Gegenständen zum Thema »Literacy« ab. Sie zeigen bspw. Kinder bei ihren ersten Schreibversuchen mit Kreide auf der Straße oder gemeinsam mit einem Erwachsenen ein Bilderbuch betrachtend.

1 Literacy im (frühen) Kindesalter

Der englische Begriff »Literacy« (im Deutschen oft mit »Literalität« oder »Schriftlichkeit« übersetzt) meint im engeren Sinne die Fähigkeit, Lesen und Schreiben zu können.

Im weiteren Sinne bezieht sich Literacy jedoch auf alle grundlegenden Erfahrungen und Fertigkeiten, die ein Mensch mit Erzähl-, Buch-, und Schriftkultur sammelt. Dazu gehört unter anderem die Fähigkeit, Texte zu lesen und gleichzeitig deren Inhalt und Bedeutung zu verstehen. Auch die Vertrautheit mit Literatur und anderen Medien, in denen Schrift eine große Rolle spielt, wie z. B. dem Internet, zählt zu Literacy.

Literacy-Erfahrungen als Grundlage

Bereits sehr junge Kinder machen in ihrem Alltag Erfahrung mit Literalität: Sie beobachten bspw., wie ihre Eltern eine Zeitung lesen oder ganz alltägliche Dinge tun wie einen Einkaufszettel schreiben. Oder aber sie betrachten gemeinsam mit einem Erwachsenen ein Bilderbuch mit Text, wobei sie die geschriebenen Symbole wahrnehmen.

»Frühe Literacy« und Sprachentwicklung

Frühe Literacy wird im Englischen auch als *emergent literacy* (»beginnende« oder »wachsende« Literacy) bezeichnet. Sie beginnt im ersten Lebensjahr und ist untrennbar mit der kindlichen Sprachentwicklung verbunden.

Literacy

Unter dem Begriff »Literacy« werden alle Fähigkeiten zusammengefasst, die ein Mensch erwerben muss, um an der Buch-, Schrift- und Erzählkultur seiner Umgebung teilnehmen zu können, sowie die Erfahrungen, die ein Mensch im Laufe seines Lebens mit Schrift sammelt. Diese Fähigkeiten und Erfahrungen sind wichtig für die Ausbildung von Lese- und Schreibkompetenz.

Frühen Literacy-Erfahrungen wird eine hohe Bedeutung für die spätere Ausbildung von Lese- und Schreibkompetenzen zugeschrieben – daher ist es wichtig, Kinder bereits vor dem Schuleintritt mit Schriftkultur in Kontakt zu bringen: Durch frühe und vielfältige Begegnungen mit Buch-, Medien-, Erzähl-, Schrift- und Schreibkultur entwickeln Kinder schon vor der Einschulung Kompetenzen im Umgang mit der Schriftsprache und den Symbolsystemen unserer Gesellschaft.

Die Rolle von Bezugspersonen beim Literacy-Erwerb

Die Familie ist dabei die erste und wichtigste Bildungsinstitution. Da es aber nicht allen Eltern gleichermaßen möglich ist, Lese- und Schrifterfahrungen zu vermitteln, kommt Ihnen als pädagogischer Fachkraft eine entscheidende Rolle beim Erwerb von Literacy zu.

Auf den Bildkarten »Sprache und Schrift entdecken« sehen Kinder Literacy-Situationen, die ihnen im Alltag vielleicht schon einmal begegnet sind, ihnen aber noch nicht erklärt wurden, wie z. B. das Nachschlagen in einem Lexikon. Darüber hinaus können Sie gemeinsam mit den Kindern herausfinden, welche Erfahrungen sie im Bereich Schriftkultur bereits von zu Hause aus mitbringen, und so neue Impulse für die Kinder setzen.

Literaturtipp

Gawlitzek, Ira (2012). Literacy. In: *Kinder erziehen, bilden und betreuen.* Lehrbuch für Ausbildung und Studium. 2. Auflage. Berlin, Düsseldorf: Cornelsen, 250-275.

Nickel, Sven (2007). Beobachtung kindlicher Literacy-Erfahrungen im Übergang von Kindergarten und Schule. In: *Graf, Ulrike & Elisabeth Moser Opitz (Hrsg.). Diagnose und Förderung im Elementarbereich und Grundschulunterricht.* Baltmannsweiler, 87-104.

2 Der Erwerb von Literacy und die Rolle der pädagogischen Fachkraft

Damit aus (kleinen) Kindern eines Tages kompetente und motivierte Leser und Schreiber werden, müssen sie schon früh Erfahrungen sammeln, die den Weg für den Umgang mit Lesen und Schreiben, Schrift und Text vorbereiten.

Die »literale Sozialisation« beginnt in der Familie und wird mit Hilfe weiterer Bezugspersonen eines Kindes, wie z. B. pädagogischen Fachkräften in der Kita fortgeführt.

Der erste Kontakt mit Lesen und Schreiben

Zu Hause kommen Kinder in der Regel zum ersten Mal mit Schriftkultur in Kontakt. Sie beobachten ihre Eltern oder ältere Geschwister beim Lesen und Schreiben, wodurch ihre Neugierde geweckt wird, die ihnen unbekannten Symbole und Zeichen (Buchstaben) selbst zu entdecken. Allerdings macht jedes Kleinkind in seiner Familie unterschiedliche Erfahrungen mit Lesen, Schreiben und Erzählen, je nachdem, welche Lese- und Schreibgewohnheiten in der eigenen Familie bzw. im sozialen Umfeld des Kindes etabliert sind.

Literacy-Erfahrungen steigern die Motivation

Je reichhaltiger die Lese- und Schreibaktivitäten im sozialen Umfeld eines Kindes sind, desto größer ist meist auch die Motivation eines Kindes, sich selbst mit Lesen und Schreiben auseinanderzusetzen. Dabei ist es wichtig, dass Kinder nicht nur dabei zusehen, wie wir Erwachsenen lesen und schreiben, sondern dass wir auch erklären, warum wir bspw. Buchstaben auf Papier schreiben oder etwas im Internet nachschauen.

Durch »Die Geschichte vom Löwen, der nicht schreiben konnte« werden Kinder explizit an das Thema Literacy herangeführt. Der Löwe entdeckt in der Geschichte die Notwendigkeit, Lesen und Schreiben zu lernen, und entwickelt dadurch eine große Motivation, sich mit dem Thema auseinanderzusetzen. Motivation möchten wir auch bei den Kindern wecken. Mit Hilfe der inhaltlich angebundenen Bildkarten »Sprache und Schrift entdecken« bieten wir Ihnen viele Möglichkeiten, die Auseinandersetzung von Kindern mit Lesen und Schreiben spielerisch fortzuführen und auszuweiten.

Wenn man sich mit Literacy-Förderung beschäftigt, ist es hilfreich, sich zunächst bewusst zu machen, wie Kinder Lesen und Schreiben erlernen (können) und welche Voraussetzungen geschaffen und gefördert werden sollten. Im Folgenden haben wir daher wichtige Meilensteine des Literacy-Erwerbs und sich daraus ergebende Unterstützungs- und Fördermöglichkeiten zusammengestellt.

Phonologische Bewusstheit als Voraussetzung für den Literacy-Erwerb

Die »phonologische Bewusstheit«, also die Fähigkeit, Wissen über die lautliche Struktur einer Sprache zu speichern, aber auch wieder abrufen zu können, ist für den frühen Literacy-Erwerb von großer Bedeutung. In den ersten Lebensjahren konzentrieren sich Kinder zunächst eher auf die inhaltliche Ebene der Sprache. Sie wissen also, dass Schokolade süß ist und gut schmeckt und bedauern, dass sie Schokolade nicht zu jeder Gelegenheit essen dürfen. Über die Struktur, also die Silben und Laute des Wortes »Schokolade« machen sich Kinder erst einmal keine Gedanken – das brauchen sie auch nicht, denn diese Information gewinnt erst an Bedeutung, wenn man versuchen möchte, ein Wort aufzuschreiben. Trotzdem sind Kinder bereits früh dazu in der Lage, intuitiv einzelne Silben und Laute aus Wörtern herauszuhören.

Der Erwerb beginnt bereits im Vorschulalter

Mit dem Erwerb dieser Fähigkeit, der phonologischen Bewusstheit, beginnen Kinder bereits in der Vorschulzeit. Sie verschaffen sich daher lange bevor sie tatsächlich lesen und schreiben können einen Einblick in die Lautstruktur der Sprache, die sie erwerben. Dieser Prozess verläuft intuitiv und unbewusst, kann aber unterstützt werden.

Phonologische Bewusstheit

- Der Begriff »Phonologische Bewusstheit« bezeichnet die Fähigkeit, die lautliche Struktur einer Sprache zu erkennen, sich diese zu merken und bei Bedarf – also beim Aufschreiben eines Wortes – abrufen zu können.
- Der Erwerb der phonologischen Bewusstheit erfolgt intuitiv und beginnt bereits vor der Einschulung und bevor Kinder erste Buchstaben schreiben können.
- Die phonologische Bewusstheit ist eine wichtige Vorläuferfähigkeit für den Lese- und Schreiberwerb.

Kinder müssen nicht nur lernen, eine Sprache anzuwenden und zu verstehen – sie müssen darüber hinaus auch die Form einer Sprache erkennen, sich also erschließen, dass ein Satz aus mehreren Wörtern und Wörter aus verschiedenen Silben bestehen, die wiederum aus Lauten zusammengesetzt wurden. Um später Wörter richtig aufschreiben zu können, müssen Kinder die Fähigkeit erwerben, Wörter in Silben zu zerlegen und sich diese zu merken. Damit beginnen sie lange bevor sie tatsächlich Wörter schreiben können – der Erwerb der phonologischen Bewusstheit wird daher als wichtiger Meilenstein auf dem Weg zum Literacy-Erwerb betrachtet.

Erfahrungen mit konzeptioneller Schriftlichkeit

Die ersten Schritte in die Welt der Buchstaben unternehmen Kinder beim gemeinsamen Betrachten von Bilderbüchern und beim Vorlesen von Geschichten. Dabei tasten sich Kinder allmählich an die so genannte konzeptionelle Schriftlichkeit heran. Was bedeutet das genau?

Schriftlichkeit gestaltet sich anders als Mündlichkeit

Liest man Kindern bspw. ein Märchen vor, unterscheidet sich dieses in seiner sprachlichen Form von der Sprache, die wir in der alltäglichen Kommunikation verwenden: das Märchen wurde aufgeschrieben und sprachlich anders konzipiert als eine mündliche spontane Erzählung. Es enthält z. B. einen komplexeren Satzbau, Formulierungen, die auf die Textsorte Märchen hinweisen (»Es war einmal«) oder auch neue, unbekannte Wörter, die ein Kind so in der alltäglichen Kommunikation noch nicht gehört hat (z. B. die Spindel beim Märchen Dornröschen).

Konzeptionelle Schriftlichkeit unterscheidet sich also von der gesprochenen Sprache bzw. Mündlichkeit durch verschiedene Merkmale.

Dazu gehört unter anderem die Wahl der Zeitform: eine schriftliche Erzählung ist in der Regel im Präteritum erzählt, wir schreiben »Der Löwe *sah* eine wunderschöne Löwin«.

Mündlich würden wir beim Formulieren eher die Zeitform Perfekt verwenden, also sagen: »Der Löwe *hat* eine wunderschöne Löwin *gesehen*«.

Wichtig ist, dass man Schriftlichkeit nicht ausschließlich in tatsächlich aufgeschriebenen Geschichten findet. Ein mündlich erzähltes Märchen enthält meistens ebenfalls viele Merkmale von Schriftlichkeit, wie z. B. die bereits erwähnte klassische Einleitung »Es war einmal …«. Damit Kinder Merkmale von Schriftlichkeit verstehen und eines Tages selbst verwenden können, müssen sie sie kennenlernen: dafür braucht es schriftsprachlichen Input! Weitere Merkmale von Schriftlichkeit finden Sie hier:

Merkmale von Schriftlichkeit/geschriebener Sprache

Zusammenhänge in einer Erzählung oder einem Text werden durch bestimmte sprachliche Mittel hergestellt, und zwar nicht nur innerhalb eines Satzes, sondern häufig auch über Satzgrenzen hinweg. Hier einige Beispiele:

> **Präteritum statt Perfekt:** Der Löwe schrieb einen Brief statt Der Löwe hat einen Brief geschrieben.
> **Passivformen:** Der Brief wird vom Löwen geschrieben.
> **Konjunktivformen:** Der Löwe käme, wenn er nicht den Brief schreiben müsste.
> **Unpersönliche Ausdrücke:** Man kann dem Löwen das Schreiben beibringen.
> **Pronomen als Verweismittel:** Der Löwe ging nach Hause. Er war wütend, dass er den Brief nicht schreiben konnte.
> Partizipialkonstruktionen: Geschriebene Briefe
> **Substantivierungen:** beim Schreiben
> **Komposita (zusammengesetzte Wörter):** Rechtschreibübungen

Durch ein erstes Herantasten an Schriftlichkeit bzw. der Teilnahme an Schriftkultur beginnen Kinder mit dem Erwerb von Literacy weit vor der Einschulung. Dabei sammeln sie viele Erkenntnisse, die eine wichtige Voraussetzung für die tatsächliche Fähigkeit des Lesens und Schreibens sind.

Kinder erfahren bspw., dass Buchstaben feste Zeichen sind, die immer gleich aussehen und eine spezifische Bedeutung haben. Sie erkennen, dass diese Zeichen mit der gesprochenen Sprache in Zusammenhang stehen. Kinder verstehen, dass diese Zeichen in einer bestimmten Reihenfolge betrachtet werden müssen, also bspw. bei der lateinischen Schrift, die der deutschen Sprache zugrunde liegt, von links nach rechts. Diese Erkenntnisse helfen Kindern, wenn sie dann später tatsächlich lesen und schreiben lernen.

Die Bildkarten können unter anderem dazu dienen, die Brücke zwischen Mündlichkeit und Schriftlichkeit zu schlagen, indem die Nacherzählungskarten die Möglichkeit bieten, die »Geschichte vom Löwen, der nicht schreiben konnte« in eine mündliche Erzählung umzuwandeln. Darauf werden wir im dritten Teil des Booklets noch ausführlicher eingehen.

Lesen und Schreiben lernen: Ein guter Anfang

Kinder erwerben die Fähigkeit zu lesen in verschiedenen Phasen. Da insbesondere die Vorläuferphasen des Lesens stark von der Lesesozialisation eines Kindes abhängen, können diese Phasen nicht exakt einer spezifischen Altersspanne zugeschrieben werden.

Im folgenden Abschnitt finden Sie aber Altersangaben, die Ihnen Orientierung geben, in welchem Alter in etwa bestimmte Phasen des Leseerwerbs von Kindern zu erwarten sind.

Lesen lernen findet in bestimmten Phasen statt

Im Alter von ca. **1,5 Jahren** können Kinder bereits verstehen, dass Erwachsene lesen, wenn sie vermeintlich auf ein Blatt Papier starren. Kinder lernen somit bereits früh die Aktivität des Lesens kennen, sofern im familiären Umfeld des Kindes Leseaktivitäten stattfinden.

Ab einem Alter von ca. **zwei Jahren** können Kinder verstehen, dass Bilderbücher nicht nur eine zusammenhangslose Sammlung von Bildern darstellen, sondern eine Geschichte erzählen. Anschließend erkennen sie, dass in Bilderbüchern der Sinn der Geschichte nicht nur durch die Bilder, sondern vor allem auch durch die Schriftzeichen neben den Bildern dargestellt wird.

Vierjährige Kinder können schon verschiedene Arten von Texten voneinander unterscheiden und wissen etwa, dass ein Buch anders aussieht als ein Einkaufszettel und wieder anders als eine Zeitung. Voraussetzung für diesen Entwicklungsschritt ist ebenfalls, dass ein Kind mit den entsprechenden »Texten« (z. B. Einkaufszetteln und Zeitungen) auch bereits in Kontakt gekommen ist.

Von der logographischen zu orthographischen Phase

Die erste Phase im eigentlichen Leselernprozess wird als **logographische Phase** bezeichnet: Kinder können Wörter aus ihrer unmittelbaren Umgebung wiedererkennen – und zwar nicht, weil sie die Wörter bereits tatsächlich lesen können, sondern weil sie ein Wort als Form abgespeichert haben. Dabei handelt es sich um Wörter, die dem Kind häufig begegnen und die eine Rolle im sozialen Umfeld des Kindes spielen, bspw. der Name des Supermarkts um die Ecke, ein Name auf einem Briefkasten oder das Logo der Lieblingssüßigkeit. Diese Wörter erkennen Kinder an der Farbe oder an dem immer gleichen Schriftzug wieder und können sie daher »lesen«.

Manche Kinder haben sich auch ganze Textpassagen von ihrem Lieblingsbilderbuch so gut eingeprägt, dass sie diese »vorlesen«, also aus dem Gedächtnis wiedergeben können, während sie die Seiten eines Buchs umblättern.

Der nächste Schritt zum Lesenlernen beginnt dann mit der **phonetischen Phase:** Kinder interessieren sich für einzelne, ausgewählte Buchstaben, erkennen diese auch bereits in Wörtern wieder und sind in der Lage, den Buchstaben einen passenden Laut zuzuordnen.

In der **orthographischen Phase** wird aus dem Lautieren einzelner Buchstaben dann tatsächliches Vorlesen. Kinder beginnen, die Buchstaben eines Wortes zunächst getrennt voneinander mit Lauten zu versehen und diese Laute anschließend miteinander zu verbinden, so dass ein vollständiges Wort entsteht. Je mehr Übung und Erfahrung ein Kind damit hat, desto schneller und flüssiger kann es auch lesen.

Phasen des Leseerwerbs

> **Logographische Phase:** Kinder nehmen Wörter als bildähnliche Einheiten war. Sie können also Wörter wie z. B. die Beschriftung ihrer Lieblingssüßigkeit, »lesen«, weil sie die Form des Wortes wiedererkennen.

> **Phonetische Phase:** Kinder entdecken einzelne Buchstaben und erkennen sie in Wörtern wieder. Häufig handelt es sich dabei um die Buchstaben, die im Namen der Kinder vorkommen. In dieser Phase beginnen Kinder ein Wort zu lesen, in dem sie den Laut jedes einzelnen Buchstabens, den sie wiedererkennen, laut aussprechen.

> **Orthographische Phase:** Kinder verbinden die einzelnen Laute eines Wortes zu Silben und aus den Silben werden Wörter, die mit der richtigen Betonung vorgelesen werden können. Je größer die Leseerfahrung eines Kindes, desto flüssiger kann es auch lesen und vorlesen.

Kinder beginnen ebenfalls lange vor ihrer Einschulung damit, mit Stiften und andere Schreibwerkzeugen zu experimentieren. Die Ergebnisse dieser Experimente können als Vorläufer erster Texte angesehen werden, auch wenn wir Erwachsene diese Texte manchmal nur schwer entziffern können.

Die Tätigkeit des Schreibens ist für Kinder leichter zu erfassen als die Tätigkeit des Lesens, da das Aufschreiben einer Einkaufsliste auf ein Blatt Papier sichtbare Spuren in Form von Buchstaben hinterlässt. Im Gegensatz zum Lesen ist somit das Schreiben für Kinder besser wahrnehmbar. Kinder sind dementsprechend auch bereits früh in der Lage, zwischen der Tätigkeit des Malens und der Tätigkeit des Schreibens zu unterscheiden.

Schreiben lernen erfolgt mit Hilfe von Strategien

Auch beim Erwerb von Schreibfähigkeit durchlaufen Kinder verschiedene Phasen, die auch als Strategien bezeichnet werden können, da sie, anders als bei den Phasen des Leseerwerbs, einander nicht ablösen, sondern parallel nebeneinander bestehen bleiben können.

Während **der logographischen Phase oder Strategie** beginnen Kinder mit ersten Kritzelversuchen und schreiben erste Wörter, die für die Erwachsenen oft nicht lesbar sind. Dazu nehmen sich Kinder auch gerne geschriebene Wörter als Vorlage und versuchen, sie abzumalen. Dabei können sie aber oft die einzelnen Buchstaben eines Wortes noch nicht treffsicher identifizieren.

Die phonetische Phase oder Strategie bezeichnet den nächsten Schritt im Schreiberwerbsprozess: Kinder beginnen zu schreiben und verlassen sich dabei auf die Phonetik, das heißt auf die Lautung eines Wortes, und schreiben die Wörter so auf, wie sie für das Kind klingen. Die phonetische Strategie liegt auch einigen Schreiblernkonzepten für den Grundschulbereich zugrunde (z. B. »Lesen durch Schreiben« von Jürgen Reichen), indem die Kinder Buchstaben mit Hilfe einer Anlauttabelle lernen und so auch bereits im ersten Schuljahr ganze Texte verfassen können, indem sie Wörter lauttreu aufschreiben – natürlich noch ohne Berücksichtigung der Rechtschreibregeln.

In einem nächsten Schritt lernen Kinder dann die Rechtschreibregeln und treten somit in **die orthographische Phase** bzw. **Strategie** ein. Wie Sie vielleicht aus eigener Erfahrung oder aus der Arbeit mit den Kindern wissen, ist dieser Schritt ein langer Prozess, der auch bis ins Erwachsenenalter nicht abgeschlossen ist. Wann immer ein Mensch ein neues Wort erwirbt, muss er natürlich auch die orthographischen Regeln für dieses Wort neu lernen.

Schreibstrategien

> **Logographische Strategie:** Kinder kritzeln, malen Wörter aus Vorlagen ab, versuchen Buchstaben schriftlich zu imitieren.

> **Phonetische Strategie:** Kinder schreiben so, wie sie die Wörter verstehen. Diese Strategie machen sich viele Lese- und Schreiblernkonzepte in der Grundschule zunutze, wie z. B. das Konzept »Lesen durch Schreiben«.

> **Orthographische Strategie:** Kinder kennen die Rechtschreibregeln und können diese mehr und mehr anwenden.

Förderung von Literacy im pädagogischen Alltag

Wie Sie bereits lesen konnten, sind Kinder bei ihren ersten Schritten in der Welt der Bücher, der Buchstaben, des Lesens und Schreibens sehr stark auf die Lese- und Schreibaktivitäten ihres unmittelbaren Umfeldes angewiesen.

Daher können Sie als pädagogische Fachkraft auch in sehr großem Umfang dazu beitragen, dass aus (kleinen) Kindern einmal Leseratten und Schreibkünstler werden – denn Kinder, die in der frühen Kindheit vielfältige Erfahrungen mit Sprache und Sprechen, Erzählen, Vorlesen, Bilderbuchbetrachtung etc. gemacht haben, zeigen häufig auch später in der Schule bessere Leistungen beim Lesen und Schreiben.

Mündliche Erzählungen als ersten Schritt

Am besten unterstützen Sie Kinder beim Eintauchen in die Lese- und Schreibkultur, indem Sie sie an Geschichten zunächst durch gesprochene Sprache heranführen, also durch mündliche Erzählungen, Märchengeschichten, Vorlesen, gemeinsames Singen, durch das Wiedergeben von Reimen, durch Sprach- und Fingerspiele und durch Bilderbuchbetrachtungen. So werden Kinder schrittweise mit geschriebener Sprache vertraut gemacht.

Entscheidend ist dabei, dass Kinder mit diesen neuen Erfahrungen nicht alleine gelassen werden: Sprechen Sie mit den Kindern über die Erzählung, den Text des gemeinsam gesungenen Liedes, über den Inhalt des Fingerspiels. Stellen Sie Fragen, erfinden Sie gemeinsam mit dem Kind weiterführende Geschichten, spielen Sie die Inhalte des Fingerspiels nach!

Im Folgenden werden wir zunächst auf einer allgemeineren Ebene ausgewählte Aktivitäten beschreiben, die sich für die Literacy-Erziehung besonders gut eignen. In Teil 3 des Booklets erfahren Sie dann, wie Sie diese mit Hilfe der Bildkarten »Sprache und Schrift entdecken« umsetzen können.

Die Geschichte vom Löwen eignet sich natürlich besonders gut, weil es in der Geschichte explizit um das Thema Lesen und Schreiben geht und die Kinder so gemeinsam mit dem Löwen erste Literacy-Erfahrungen teilen können.

Freies Erzählen

Nicht nur Sie selbst können Kindern frei gestaltete Geschichten erzählen, die Ihrer eigenen Fantasie entspringen. Auch Kinder sollten ermutigt werden, möglichst früh mit dem Erzählen zu beginnen. Freies Erzählen kann in vielfältigen Situation geschehen: im Stuhlkreis, in Kleingruppensituationen, in Vier-Augen-Gesprächen oder in einer größeren Gruppe. Eine freie Erzählung kann kurz oder lang sein, kann eine selbst erlebte Alltagssituation thematisieren oder auch gänzlich der Fantasie des Erzählers entspringen.

Unabhängig davon, in welcher Situation das freie Erzählen stattfindet und was das Thema der Erzählung ist, fördert das freie Erzählen die sprachlich-kommunikativen Kompetenzen von Kindern. Kinder lernen durch häufiges freies Erzählen, wie sie anderen Kindern und Erwachsenen von Erlebnissen und Abenteuern berichten können, so dass sie für die Zuhörer verständlich und nachvollziehbar sind.

Vertrautheit mit Buch- und Schriftkultur

Sowohl die Bilderbuchbetrachtung als auch Vorlesesituationen tragen dazu bei, dass Kinder das Medium Buch kennenlernen und sich mit den Merkmalen und Eigenschaften von geschriebener Sprache und Büchern vertraut machen können. Kinder entdecken bspw., dass Bücher unterschiedlich dick sind, dass sie in der Regel einen Einband haben, ein Titelblatt und manchmal auch ein Inhaltsverzeichnis.

Kinder können lernen, wie man ein Buch richtig herum hält und das Umblättern von Seiten üben. Wenn ein Kind viele Bücher kennt, kann es allmählich auch Sorten von Büchern unterscheiden, wie z. B. Bilderbücher, Sachbücher, Romane und Lexika. Durch Vorlesesituationen und Bilderbuchbetrachtungen nehmen Kinder an der Buchkultur teil.

Doch nicht nur in Situationen mit Büchern machen Kinder im pädagogischen Alltag erste Erfahrungen mit Schrift, denn Schrift begegnet Kindern auch an vielen anderen Ecken in der Kita: Wenn Sie beispielsweise einer Kollegin einen Informationszettel hinterlassen, dann wird dieser von den Kindern wahrgenommen, auch wenn sie den Inhalt noch nicht erfassen können. Zeitschriften und Kataloge in der Bastelecke können genauso Schrift enthalten wie die Informationstafel für die Eltern im Eingangsbereich.

Kinder beobachten vielleicht, wie Sie eine E-Mail lesen oder verfassen oder wie Sie in einer Bastelanleitung die nächsten Schritte nachschauen. Erklären Sie den Kindern, was Sie da tun und warum Sie etwas schreiben oder (nach)lesen. All diese Situationen sind wichtige Literacy-Erfahrungen für Kinder.

Auch wenn es – je nachdem in welchem pädagogischen Kontext Sie arbeiten – nicht Ihre Aufgabe ist, Kindern Lesen und Schreiben beizubringen und sie darin zu unterrichten, können Sie dennoch einen wichtigen Beitrag zum Literacy-Erwerb leisten, indem Sie bewusst mit Situationen umgehen, in denen Schrift eine Rolle spielt.

Sie können absichtlich in Anwesenheit der Kinder von Schrift Gebrauch machen, gemeinsam mit den Kindern Symbole und Schriftzeichen (z. B. Hieroglyphen oder Straßenschilder) erkunden und Kinder ermutigen, durch Schreiben in Fantasieschrift oder durch das erste Aufschreiben des eigenen Namens eigene Schreiberfahrungen zu machen. Besonders Kinder, die zu Hause weniger Kontakt zur Buch- und Schriftkultur haben, werden davon profitieren.

Egal ob Bilderbuchbetrachtung, Vorlesen und Nacherzählen, freies Erzählen, Förderung phonologischer Bewusstheit oder das Eintauchen in verschiedene Themen aus dem Bereich Lese- und Schreibkultur – wir möchten Sie mit unseren Bildkarten in allen Bereichen unterstützen und Ihnen Impulse an die Hand geben, mit denen Sie die Kinder dazu anregen können, die Welt der gesprochenen und geschrieben Sprache zu entdecken. Dabei steht natürlich der Löwe, der nicht schreiben konnte, im Mittelpunkt, schließlich ist er in einer vergleichbaren Situation wie die Kinder, die in die Welt des Lesens und Schreibens eintauchen möchten. Eingebettet in die Geschichte des Löwens können Kinder implizit beim Literacy-Erwerb unterstützt werden. Wie genau das aussehen kann, beschreiben wir im nächsten Teil des Booklets anhand konkreter Ideen und Anregungen, die Sie mit Hilfe der Bildkarten umsetzen können.

Literaturtipps

Gawlitzek, Ira (2012): *Literacy.* In: Kinder erziehen, bilden und betreuen. Lehrbuch für Ausbildung und Studium. 2. Auflage. Berlin, Düsseldorf: Cornelsen, 250-275.

Textor, Martin R.: *Literacy-Erziehung im Kindergarten.* In: Textor, Martin R. (Hrsg.): Kindergartenpädagogik. Online-Handbuch.

3 Spezifischer Einsatz der Bildkarten

In diesem Teil unseres Booklets möchten wir Ihnen konkrete Tipps für den Einsatz der Bildkarten geben. Wir verstehen diese Tipps lediglich als Hinweise bzw. als ersten Einstieg in die Arbeit mit unseren Bildkarten. Selbstverständlich sind den Verwendungsmöglichkeiten und Ihrer Kreativität keine Grenzen gesetzt – Sie haben sicherlich bereits viele tolle Ideen im Kopf!

Sollten Sie das Lesen von Teil 1 und 2 des Booklets übersprungen haben, weil Sie zunächst neugierig auf die konkreten Einsatzmöglichkeiten waren, können wir das sehr gut nachvollziehen. Dennoch möchten wir es an dieser Stellte nicht versäumen, Ihnen die theoretischen Grundlagen zum Thema »Sprache und Schrift entdecken« ans Herz zu legen! Sie erhalten dort wichtige Informationen, durch die wir Sie bei der alltäglichen Sprach- und Literacy-Förderung – egal ob mit oder ohne Bildkarten – unterstützen wollen.

Wir haben für die Bildkarten Ideen ausgearbeitet, die die in Teil 2 genannten allgemeinen Hinweise zum Einsatz von Bildkarten aufgreifen und konkrete Umsetzungsmöglichkeiten und Aktivitäten anhand von Beispielen beschreiben. Abgesehen von den Nacherzählungskarten, die sich konkret auf Martin Baltscheits »Geschichte vom Löwen, der nicht schreiben konnte« beziehen, verstehen sich die Bildkarten als Impulskarten, die zu verschiedenen Themenkomplexen zusammengefasst werden können und die Sie dazu anregen sollen, Aktivitäten oder Projekte im Bereich »Literacy« anzustoßen.

Die Bildkarten zeigen wichtige Motive rund um das Thema »Literacy«

Auf den Bildkarten sind Gegenstände zum Thema »Sprache und Schrift entdecken« dargestellt, wie beispielsweise »Schreibwerkzeuge« auf **Bildkarte 27** oder ein »Briefumschlag« auf **Bildkarte 31**. Zusätzlich zeigen die Bildkarten Handlungen wie »vorlesen« **(Bildkarte 10)** oder »einen Brief erhalten« **(Bildkarte 32)** und illustrieren wie Kinder und Erwachsene mit Schrift und Texten im Alltag umgehen.

Einige Motive stellen keine spezifischen Gegenstände, Personen oder Tätigkeiten dar, sondern bilden Entwicklungsschritte von Kindern beim Literacy-Erwerb ab, mit denen Kinder auch eigene Fortschritte reflektieren können. Zum Beispiel zeigt **Bildkarte 9** auf der Vorderseite ein Baby, das auf einem Bilderbuch herumkaut – eine typische Situation für den »Erstkontakt mit Büchern«. Die **Bildkarten 12** und **13** zeigen Kinder beim Lesen- und Schreibenlernen und -üben.

Sie können mit den Kindern über Lesen, Schreiben, Symbole, verschiedene Textsorten wie Zeitschriften und Bücher, Einkaufszettel und Verkehrsschilder oder einen selbst geschrieben Brief sprechen.

Regen Sie die Kinder auch dazu an, es den Darstellern der Bildkarten gleichzutun und z. B. mit Straßenkreide zu malen, wie der Löwe einen Brief zu schreiben oder gemeinsam mit anderen Kindern ein Bilderbuch zu betrachten. Dabei können Sie Kindern Möglichkeiten aufzeigen, mit Schrift umzugehen, auch wenn sie noch nicht Lesen und Schreiben können.

Da die Bildkarten »Sprache und Schrift entdecken« mit Martin Baltscheits Bilderbuch »Die Geschichte vom Löwen, der nicht schreiben konnte« verknüpft sind, ist es naheliegend, zunächst gemeinsam mit den Kindern das Bilderbuch zu betrachten und über dessen Inhalt zu sprechen.

Nacherzählung (Bildkarten 1 bis 8)

Die **Bildkarten 1 bis 8** stellen auf der Vorderseite zentrale Szenen aus dem Bilderbuch »Die Geschichte vom Löwen, der nicht schreiben konnte« dar. Wenn Sie das Buch bereits einmal oder mehrere Male mit den Kindern angesehen haben, können Sie diese Karten nutzen, um den Kindern die Geschichte noch einmal ins Gedächtnis zu rufen. In Kapitel 2 haben wir bereits einige allgemeine nützliche Hinweise für eine Bilderbuchbetrachtung, für das Nacherzählen einer Geschichte und das freie Erzählen aufgeführt. Darüber hinaus gibt es für den konkreten Umgang mit den Nacherzählungsbildkarten 1 bis 8 verschiedene Möglichkeiten:

- Führen Sie die zentralen Figuren aus der Geschichte, d.h. den Löwen, die Löwin und die Tiere, die der Löwe beim Schreiben des Briefes um Hilfe bittet, anhand der »Nacherzählungskarten« noch einmal ein und sprechen Sie gemeinsam über die Erlebnisse des Löwen.
- Erzählen Sie die Geschichte des Löwen für die Kinder noch einmal in ihren eigenen Worten nach, indem Sie die Karten nacheinander aufdecken: »Schau mal, da ist ein Löwe. Der Löwe kann ganz laut brüllen. Auf diesem Bild zeigt er sogar seine großen scharfen Zähne. Der Löwe kann zwar laut brüllen, aber er kann nicht schreiben. Das war bisher kein Problem für den Löwen, bis er eine Löwin traf. …«
- Wenn Sie wissen, dass die Kinder die Geschichte bereits gut kennen, überlassen Sie den Kindern das Nacherzählen. Unterstützen Sie die Erinnerungen der Kinder dabei mit den Bildkarten.
- Legen Sie alle »Nacherzählungskarten« auf einem Tisch oder auf dem Fußboden aus und bringen Sie die Karten gemeinsam mit den Kindern in die richtige Reihenfolge. Stellen Sie den Kindern währenddessen dazu passende Fragen, wie z. B.: »Was, glaubst du, passiert als Nächstes?« – »Warum kommt diese Karte zuerst?«
- Regen Sie die Kinder mit Hilfe der Nacherzählungskarten zu einem Rollenspiel an. Jedes an der Situation beteiligte Kind erhält eine oder mehrere Nacherzählungskarten und darf die Situation, die auf der Karte abgebildet ist, darstellen. Je nach Sprachkompetenz können die Kinder selbst die Sprechbeiträge zu den Rollen übernehmen. Eine andere Möglichkeit wäre, dass Sie die jeweils dargestellten Sequenzen sprachlich begleiten. Eine Inspiration dafür haben wir für Sie am Beispiel von **Bildkarte 2** »das Buch/die Bücher« entworfen: »Die Löwin liegt unter einem Baum und liest. Die Löwin liest in einem Buch. Das Buch scheint sehr spannend zu sein. Die Löwin hat eine Sonnenbrille aufgesetzt, damit die Sonne sie nicht beim Lesen stört. …«

Auf der Rückseite der Nacherzählungskarten finden Sie jeweils ein Bild, das thematisch zur Vorderseite passende Situationen zum Thema »Sprache und Schrift entdecken« zeigt oder eine vergleichbare Situation in einem anderen Handlungskontext darstellt. Klären Sie gemeinsam anhand der Bildkarten in Anlehnung an die Figuren aus der Geschichte des Löwen die Bedeutung der Situationen. Folgende Motive gehören zu den Nacherzählungskarten: **Bildkarte 1** »der Buchstabe, die Buchstaben«, **Bildkarte 2** »das Buch, die Bücher«, **Bildkarte 3** »der Brief, die Briefe«, **Bildkarte 4** »nicht lesen können«, **Bildkarte 5** »lesen«, **Bildkarte 6** »einen/den Brief schreiben«, **Bildkarte 7** » nicht schreiben können«, **Bildkarte 8** »gemeinsam etwas lesen, anschauen«. Die Vorderseite der Nacherzählungskarten eignet sich natürlich vor allem zur Förderung der kindlichen Erzählkompetenzen.

Abgesehen von der »Geschichte vom Löwen, der nicht schreiben konnte« können Kinder mit Hilfe der Karten auch zum Erzählen eigener und selbst erdachter Geschichten angeregt werden. Darüber hinaus können Sie gemeinsam mit einem Kind oder einer Gruppe von Kindern herausfinden, welche Erfahrungen die Kinder bereits mit Lesen und Schreiben gemacht haben.

- Stellen Sie durch Fragen einen konkreten Bezug zur Lebenswelt der Kinder her: »Was glaubst du, warum ist der Löwe so wütend?« – »Wie geht es dem Löwen?« – »Hast du einen Vorschlag, wie die Tiere dem Löwen helfen könnten?« – »Was kann der Löwe tun, um mit der Löwin Kontakt aufzunehmen?« – »Warst du schon einmal in einer ähnlichen Situation wie der Löwe?« – »Hast du schon einmal einen Brief geschrieben?«
- In der »Geschichte vom Löwen, der nicht schreiben konnte« bittet der Löwe viele verschiedene Tiere um Hilfe: einen Affen, ein Nilpferd, einen Mistkäfer, eine Giraffe, ein Krokodil und einen Geier. Auf den **Bildkarten 3, 5** und **6** sind der Affe, der Mistkäfer und das Krokodil abgebildet. Besprechen Sie zunächst mit den Kindern, welche Tiere in der Geschichte vorkommen, in welchem Lebensraum die Tiere leben und wie sich die Tiere unterscheiden. Ein Beispiel haben wir für Sie gestaltet: »Das Nilpferd lebt in einem Fluss. Es fühlt sich im Wasser besonders wohl. Der Affe klettert lieber von Baum zu Baum. Er mag Wasser nicht so gerne wie das Nilpferd. …« Überlegen Sie anschließend mit den Kindern: »Was meinst du, warum hat dem Löwen der Brief vom Mistkäfer nicht gefallen?« Wenn die Kinder schon etwas älter sind, können Sie mit den Kindern sogar weitere Briefe aus der Sicht von anderen Tieren, z. B. Katze, Eule oder Faultier für den Löwen verfassen.

Die Bildkarten als Impulskarten

Die Bildkarten »Sprache und Schrift entdecken« lassen sich übergeordneten Themen im Bereich Literacy zuordnen. Einige Karten passen auch zu verschiedenen übergeordneten Themen. Im folgenden Kasten haben wir diese für Sie aufgelistet, um Ihnen die Suche nach Bildkarten zu bestimmten Themen zu erleichtern.

Die Bildkarten nach Themen sortiert

> **Lesen und Schreiben:** Bildkarten 1, 2, 3, 4, 5, 6, 7, 8, 9, 10, 11, 12, 13, 17, 26, 27
> **Symbole:** Bildkarten 20, 21, 22, 23
> **Textsorten:** Bildkarten 15, 16, 17, 28, 29
> **Schrift im Alltag:** Bildkarten 14, 18, 19, 24, 25
> **Schriftliche Kommunikation:** Bildkarten 16, 17, 19, 29, 30, 31, 32

Unsere Bildkarten können unter anderem als Impulskarten verwendet werden, die den Einstieg in ein Thema auf vielfältige Art und Weise ermöglichen. Vielleicht haben Sie schon einmal mit einer Gruppe von Kindern ein Projekt in Ihrer Kita zu einem Thema, z. B. Lesen und Schreiben, in einem anderen Kontext durchgeführt. Dann können Sie mit Hilfe der passenden Bildkarten dieses Thema wieder aufgreifen und im Zusammenhang mit der Geschichte des Löwen noch einmal auffrischen und weiterführen. Nutzen Sie die Bildkarten, um Impulse für Sprechanlässe, Erzählungen und Spiele zu geben.

- Wir haben für Sie einige Ideen für sprachliche Impulse anhand der **Bildkarte 17** zum Thema »digitales Lesen« entworfen: »Was passiert auf diesem Bild?« – »Meinst du, die sehen wirklich fern? Ich glaube ja, die machen etwas anderes. Was glaubst du?« – »Was kann man denn mit diesem Gerät, was du da siehst, alles machen?« – »Wir schauen uns mal die Rückseite der Karte an, vielleicht hilft uns das Bild auf der Rückseite weiter. Sieh mal, hast du so etwas schon einmal gesehen?« – »Wieso hat der Mann mit den Kindern kein Buch in der Hand?«
  Die Kinder werden wahrscheinlich so viele gute Ideen zu den Bildern haben und eigene Erlebnisse beitragen, dass ein Impuls reicht, um ein Gespräch zu einem Thema wie »digitales Lesen« anzuregen.

Themenunabhängige Beispiele für Aktivitäten

Die folgenden beispielhaften Aktivitäten lassen sich mit allen Bildkarten durchführen, unabhängig zu welchem übergeordneten Thema die Bildkarten gehören. Sie können natürlich gerne auch die Bildkarten eines spezifischen Themas für eine der Aktivitäten auswählen und die Aktivität damit gezielt einem Thema zuordnen.

- Legen Sie alle oder ausgewählte Bildkarten auf einem Tisch oder auf dem Fußboden aus. Ein Kind darf sich die Bildkarte aussuchen, die es am schönsten findet bzw. die ihm am besten gefällt. Besprechen Sie die Bildkarte mit allen Kindern im Sinne einer Bildbetrachtung ganz ausführlich und gehen Sie darauf ein, was auf den Bildern alles zu entdecken ist: »Was kannst du auf dem Bild alles erkennen?« – »Warum gefällt dir das Bild so gut?« – »Hast du so eine Situation schon einmal selbst erlebt?« – »Wie hast du dich dabei gefühlt?« – »Und was ist dann passiert?«

- Legen Sie alle oder ausgewählte Bildkarten auf einem Tisch oder auf dem Fußboden aus. Die Kinder wählen eine Bildkarte aus, auf der etwas abgebildet ist, das sie bereits von zu Hause kennen oder das ihnen im Alltag schon einmal begegnet ist. Auf diese Weise können Sie auch einen Einblick erhalten, welche Erfahrungen mit Lesen und Schreiben die Kinder bereits mitbringen: »Was kannst du auf dem Bild alles erkennen?« – »Kennst du das, was du auf dem Bild siehst von zu Hause?« – »Hast du so etwas auch schon einmal ausprobiert/erlebt/gemacht?« – »Wie hast du dich dabei gefühlt?«

Themenspezifische Beispiele für Aktivitäten

Wir schlagen Ihnen verschiedene Aktivitäten vor, bei denen sich einzelne Bildkarten oder Bildkartengruppen besonders gut als Impuls eignen. Sie können gerne weitere Bildkarten in die Aktivitäten mit einbeziehen oder die Aktivitäten nach Ihren Vorstellungen und nach den Bedürfnissen der Kinder variieren.

Nicht lesen und schreiben: Bildkarten 4 und 7

Ausgehend von den Erlebnissen des Löwen, der nicht schreiben konnte, sind auf den Rückseiten der **Bildkarten 4** und **7** Situationen abgebildet, in denen jemand – ähnlich wie der Löwe – an Grenzen stößt, weil er nicht lesen oder schreiben kann: Bildkarte 4 zeigt einen Jungen, der angestrengt versucht, ihm unbekannte Schriftzeichen zu lesen. **Bildkarte 7** zeigt den Löwen sehr wütend, weil er sich schwer damit tut, das Schreiben zu lernen.

- Besprechen und überlegen Sie gemeinsam mit den Kindern, was es bedeutet, nicht lesen und schreiben zu können. In welchen Situationen ist es wichtig, lesen und schreiben zu können?

Förderung phonologischer Bewusstheit: Bildkarte 26

Auf der Vorderseite von **Bildkarte 26** sind verschiedene Tierillustrationen von Martin Baltscheit zusammen mit dem Löwen abgebildet: ein Bär, der Löwe, der Schmetterling und ein Salamander. Auf der Rückseite der Bildkarte sind die Wörter, die die Tiere bezeichnen, in ihre Silbenanzahl zerlegt dargestellt.

- Nutzen Sie zunächst die Vorderseite der Bildkarte, um die Tiere einzuführen, so dass die Kinder die Tiere kennenlernen können. Überlegen Sie mit den Kindern, wie wohl ein Brief aussehen würde, den der Bär oder der Salamander für den Löwen schreibt. Achten Sie darauf, auch die Artikel zu den Wörtern zu nennen: »Schau mal, das ist *ein* Bär. *Der* Bär schreibt vielleicht auch einen Brief für *den* Löwen. *Der* Löwe lernt *den* Bären gerade kennen. Und da ist der Salamander. ... «
- Erforschen Sie mit den Kindern, aus welchen Silben die einzelnen Wörter bestehen. Auf der Rückseite von **Bildkarte 26** sind die Silben abgebildet. Sie können die Kinder zunächst selbst raten lassen und anschließend gemeinsam auf der Rückseite der Bildkarten die Silben für jedes Wort zählen. Sprechen Sie gemeinsam mit den Kindern laut die Wörter und klatschen Sie bei jeder Silbe in die Hände. Alternativ können Sie natürlich auch eine andere Bewegung zu den Silben machen, zum Beispiel hüpfen, auf den Tisch klopfen ...
- Erstellen Sie mit Hilfe der Silben auf der Rückseite der Bildkarten ein Silbenpuzzle. Schreiben Sie die einzelnen Silben auf Kärtchen und legen Sie die Silbenkärtchen durcheinander z. B. auf dem Fußboden aus. Wenn die Kinder noch nicht lesen können, ist es sinnvoll, zunächst noch einmal mit den Kindern die verschiedenen Silben gemeinsam laut auszusprechen. Die Kinder setzen dann aus den einzelnen Silben die Tiernamen zusammen. Sie können die Vorderseite von Bildkarte 26 dazu legen, so dass die Kinder die Tiere noch einmal vor Augen haben. Umso lustiger wird das Spiel, wenn Sie die Silben falsch zusammensetzen und so Fantasie-Wörter kreieren.

Schreibwerkzeuge: Bildkarte 27

- Besprechen Sie zunächst die Motive auf den Bildkarten gemeinsam mit den Kindern und klären Sie, welche Gegenstände auf den Bildern zu sehen sind: »Was sind das für Gegenstände?«, »Was kannst du damit machen?«, »Hast du auch schon einmal einen solchen Stift in der Hand gehabt?« Anschließend können Sie gemeinsam mit den Kindern eine Art Schnitzeljagd in der Kita veranstalten: »Wo gibt es überall Stifte? Wo findet ihr etwas, mit dem ihr schreiben könnt?«
- Sie können Kleingruppen bilden und die Kinder eigenständig auf die Suche nach Schreibwerkzeugen schicken oder die Suche begleiten und mit den Kindern in den Räumen der Kita nach Schreibwerkzeugen suchen. Anschließend können Sie gemeinsam mit den Kindern die Ausbeute betrachten und überlegen: »Wie unterschieden sich die

Schreibwerkzeuge?«, »Womit kann man besonders gut schreiben?«, »Was kennst du von zu Hause?«

Symbole: Bildkarten 20, 21 und 22

- Suchen Sie gemeinsam mit den Kindern Symbole in ihrer Kita, wie zum Beispiel die Symbole für Kleiderhaken auf **Bildkarte 22**. Auch auf **Bildkarte 20** sehen Sie eine Situation, in der ein Kind Symbole liest und mit Hilfe dieser Symbole ein Spielzeug zusammenbaut. Finden Sie auch solche alltäglichen Symbole in Ihrer Kita?
- Auf der Jagd nach Symbolen: Sie können gemeinsam mit den Kindern in Spielanleitungen nach Symbolen suchen. Überlegen Sie mit den Kindern: »Wo begegnen uns im Alltag Symbole?«
- Auf **Bildkarte 21** sind Verkehrszeichen abgebildet, die die Kinder sicherlich schon einmal irgendwo gesehen haben. Machen Sie sich gemeinsam im Stadtteil oder in Ihrer Gemeinde auf die Suche nach Symbolen und überlegen Sie mit den Kindern, was die Symbole wohl bedeuten.

Buchstaben und Zahlen, Sprachen und Schrift: Bildkarten 1, 14 und 23

- Betrachten Sie gemeinsam mit den Kindern die Bildkarten. Regen Sie die Kinder dazu an, Gemeinsamkeiten und Unterschiede zwischen den Zahlen und Buchstaben und verschiedenen Sprachen und Schriften zu entdecken.
- Knüpfen Sie an die Muttersprachen der Kinder an: »Kennst du auch andere Sprachen und Buchstaben?«

Die Bücherwelt: Bildkarten 2, 8, 10, 15, 24, 25

- Regen Sie die Kinder dazu an, von zu Hause ihr Lieblingsbuch mitzubringen. Vielleicht können ja auch die Eltern der Kinder dabei helfen. Die Kinder können ihr Lieblingsbuch kurz vorstellen und beschreiben, worum es in dem Buch geht und warum es das Lieblingsbuch ist.
- Auf **Bildkarte 25** »In der Bibliothek« sind Szenen aus einer Bibliothek abgebildet. Sprechen Sie zunächst mit den Kindern darüber: »Was siehst du auf diesem Bild?« – »Was macht der Junge da?« – »Warst du schon einmal in einer Bibliothek?« – »Was magst du besonders, wenn du in der Bibliothek bist?« Wenn Sie die Möglichkeit haben, können Sie anschließend einen kleinen Ausflug in eine Bibliothek unternehmen. Nehmen Sie dabei gerne die Bildkarten zum

Thema »die Bücherwelt« mit. Die Kinder können die Motive der Bildkarten mit der Realität vergleichen. »Erkennst du etwas wieder?« – »Was sieht hier anders aus?«

Nachrichten: Bildkarten 3, 6, 16, 18

- Gestalten Sie Nachrichten für andere Kinder und/oder andere Kitagruppen und verteilen Sie die Nachrichten an geeigneten Plätzen in der Kita. Die Nachrichten können aufgeschrieben oder aufgemalt werden.
- Erstellen Sie gemeinsam mit den Kindern einen Einkaufszettel. Der Einkaufszettel kann aufgeschrieben oder aufgemalt werden. Genauso viel Spaß macht es, wenn die Produkte, wie z. B. Lebensmittel, die eingekauft werden sollen, aus Prospekten ausgeschnitten und aufgeklebt werden. Anschließend können Sie mit den Kindern tatsächlich mit Hilfe des Einkaufszettels einkaufen gehen, z. B. für einen Obstsalat, der dann gemeinsam zubereitet und verspeist wird.
- Sie können den Einkaufszettel natürlich auch an eine andere Gruppe aus der Kita weitergeben, die dann damit einkaufen geht. Anschließend können die Kinder, die den Einkaufszettel erstellt haben, überprüfen, ob die Einkäufer auch wirklich nichts vergessen haben.

Briefe schreiben: Bildkarten 3, 6, 16, 30, 31, 32

- Besprechen Sie zunächst mit den Kindern die Motive auf den Bildkarten und klären Sie, welche Motive den Kindern bereits bekannt sind. Sie können für diese Projekt einzelne oder mehrere Bildkarten als Impulskarten verwenden: »Schaut mal, was seht ihr auf diesem Bild? Genau das machen wir jetzt auch!«
- So wie auch der Löwe möchten Sie gemeinsam einen Brief an jemanden schreiben. Die Wahl des Adressaten des Briefes bleibt natürlich den Kindern und Ihnen überlassen: Helfen Sie dem Löwen und adressieren Sie den Brief an die Löwin! Oder adressieren Sie den Brief an Ihre Kita.
- Überlegen Sie gemeinsam mit den Kindern, was Sie in dem Brief mitteilen möchten. Je nach Kompetenz der Kinder kann der Brief gemalt werden oder bereits einzelne Wörter beinhalten.
- Sie können den Brief gemeinsam verfassen, in einen Umschlag stecken und zum Briefkasten bringen. Wenn Sie den Brief an die Kita adressieren, können Sie den Brief sogar wieder gemeinsam mit den Kindern vom Briefträger in Empfang nehmen. Alternativ kann natürlich auch jedes Kind seinen eigenen Brief, zum Beispiel an einen Freund verfassen.

Flaschenpost: Bildkarte 16

Eine Flaschenpost zu verschicken ist auch eine Variante, schriftlich zu kommunizieren. Spannend dabei ist, dass man nicht weiß, bei wem die Flaschenpost ankommt und ob man überhaupt eine Antwort erhält! Einige Kinder werden aber wahrscheinlich noch nie eine Flaschenpost gesehen haben.

- Erklären Sie den Kindern, was eine Flaschenpost ist und überlegen Sie gemeinsam, warum man eine Flaschenpost verschicken kann. Und dann werden sicher alle Lust bekommen, das auch in die Tat umzusetzen! Schreiben Sie mit den Kindern einen Brief und senden Sie ihn per Flaschenpost ab. Vielleicht haben Sie ja Glück und die Flaschenpost wird gefunden!

4 Die Motive der Bildkarten

Unsere Bildkarten zeigen Motive von konkreten Lese- und Schreibsituationen, von Symbolen, fremder Schrift, von Schreibwerkzeugen und Textsorten. Zusätzlich werden Situationen dargestellt, die sich an den Entwicklungsschritten von Kindern im Prozess des Literacy-Erwerbs orientieren. Sie können daher auf vielfältige Art und Weise mit den Kindern darüber sprechen, wie der Löwe, aber auch die Kinder selbst lesen und schreiben lernen können!

Bildkarte 1
der Buchstabe, die Buchstaben

Bildkarte 2

das Buch, die Bücher

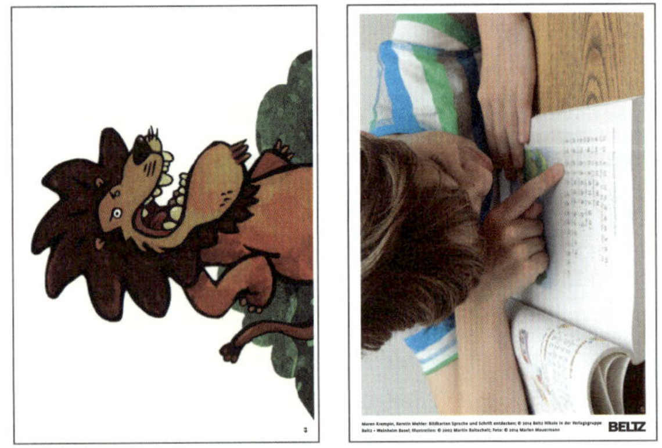

Bildkarte 4

nicht lesen können

Bildkarte 3

der Brief

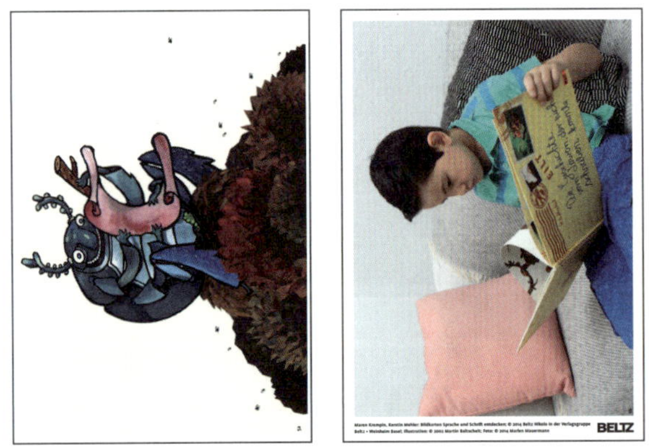

Bildkarte 5

lesen

Bildkarte 6

einen/den Brief schreiben

Bildkarte 7

nicht schreiben können

Bildkarte 8

gemeinsam etwas lesen/anschauen

Bildkarte 9

Erstkontakt mit Büchern & Schrift

Bildkarte 10

das Vorlesen

Bildkarte 12

lesen lernen

Bildkarte 11

erste Mal- und Schreibversuche mit Stift, Pinsel & Co.

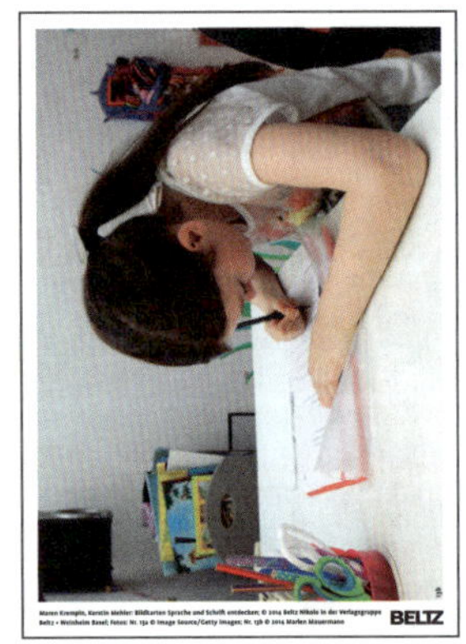

Bildkarte 13

schreiben lernen

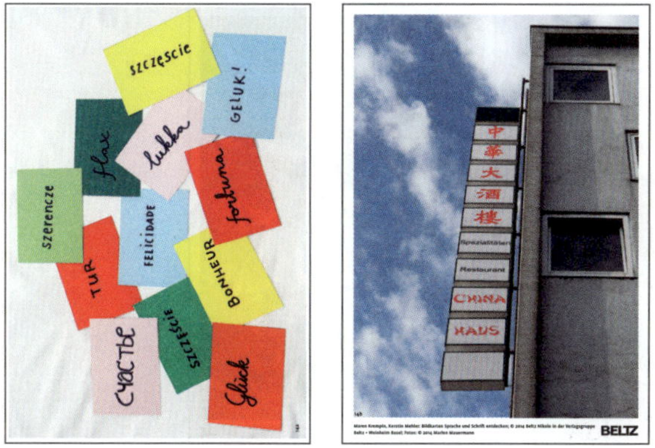

Bildkarte 14

verschiedene Sprachen/Schriften

Bildkarte 16

eine Flaschenpost verschicken

Bildkarte 15

verschiedene Textsorten

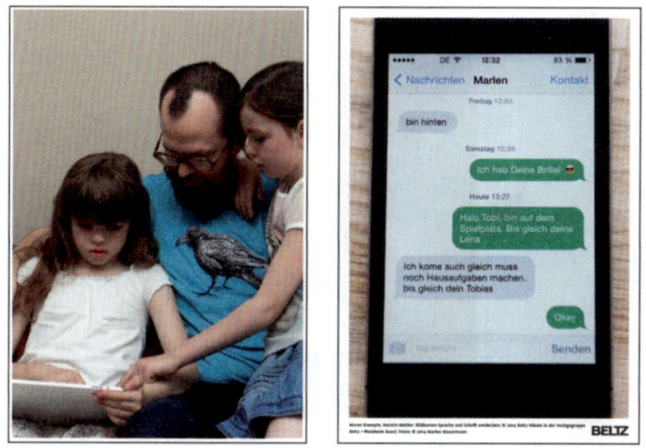

Bildkarte 17

digitales Lesen

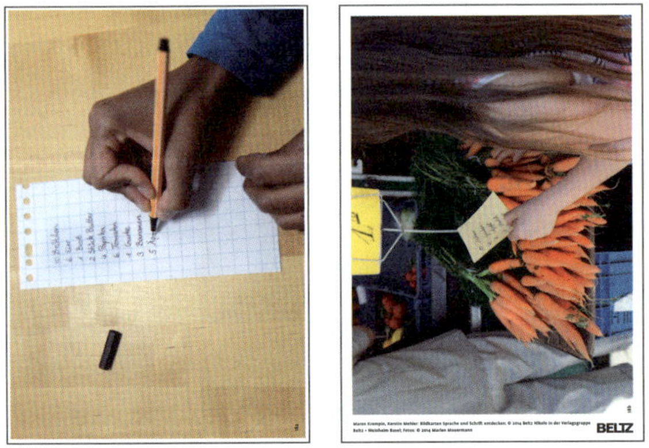

Bildkarte 18

der Einkaufszettel

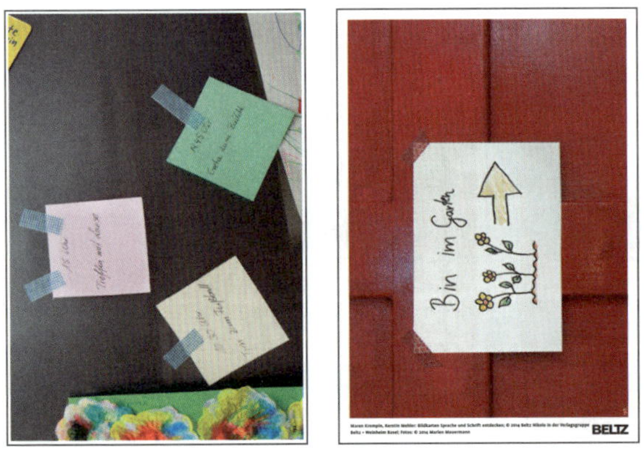

Bildkarte 19

Nachrichten hinterlassen

Bildkarte 20

alltägliche Symbole erkennen

Bildkarte 21

Symbole und Schrift in der Umgebung

Bildkarte 22

Symbole in der Kita

Bildkarte 23

die Zahl, die Zahlen

Bildkarte 24

informationen einholen/sich informieren

Bildkarte 25

in der Bibliothek

Bildkarte 26

die Silbe

Bildkarte 27

Schreibwerkzeuge: der Stift und die Tastatur

Bildkarte 28

die mündliche Erzählung

Bildkarte 29

die schriftliche Erzählung

Bildkarte 30
die Briefmarke

Bildkarte 31
der Briefumschlag

Bildkarte 32
Post bekommen

Wir danken den Mitarbeiter/innen des MAZEM und des Lehrstuhls Anglistik I der Universität Mannheim für Feedback und Anregungen.

mazem
Mannheimer Zentrum für Empirische Mehrsprachigkeitsforschung

Weitere **Materialien** mit dem Löwen

ISBN 978-3-407-72717-6

Projektheft »Sprache und Schrift entdecken mit dem Löwen«

- 40 vielfältige, einfach umzusetzende Projektideen
- holt Kinder von 3 bis 6 Jahren in ihrer Lebenswelt ab
- ermöglicht neue Wege der Bilderbuchbetrachtung

ISBN 978-3-407-72719-0

Bilderbuchkino »Die Geschichte vom Löwen, der nicht schreiben konnte«

- DVD mit den Original-Illustrationen, einzeln ansteuerbar, wahlweise auch mit Text- und Tonspur
- 16-seitiges Booklet mit Erläuterungen

Die Löwen-Malrolle

- 3 Meter lang mit viel Platz für Kreativität
- praktischer Auf- und Abrollmechanismus

ISBN 978-3-407-72713-8

ISBN 978-3-407-95735-1

Löwen-Mitmachkiste

- enthält Projektheft, Bildkarten, Bilderbuch-kino-DVD, Malrolle und Löwen-Handpuppe
- mit Spielkulisse im Deckel und Stabpuppen-Bastelbogen

Die **Bildkarten** und alle anderen Materialien gibt es auch zu folgenden Themen:

www.beltz.de/nikolo